François Bertin

MÉMOIRES D'OBJETS
HISTOIRES D'HOMMES

Editions Ouest-France

4

Objets inanimés, avez-vous donc une âme ?…

Une veste trouée, une gamelle souillée de terre, un casque percé d'une balle, une caisse de munitions figée en bloc de rouille…, autant d'objets qui peuvent surgir devant nous mais qui gardent le silence sur leurs moments passés au côté des hommes.

Ressurgis de l'ombre et de l'oubli, ils nous interpellent, nous questionnent, nous émeuvent, quelquefois, même, nous indisposent.

Ces objets sont exceptionnels parce que, justement, ils sont anodins.

La banalité est née de leur profusion parce qu'ici pas un matériel, pas une arme, pas une pièce d'uniforme qui n'ait été produite à des milliers, voire des millions d'exemplaires.

Ce qui leur donne ce côté exceptionnel et unique, c'est d'avoir été portés, utilisés par un individu, un homme seul, simple pion anonyme de ce gigantesque jeu de rôle dont la mort est à la fois l'arbitre et le maître de cérémonie.

Ces objets sont notre mémoire, notre histoire.

Derrière chaque arme, chaque vêtement, chaque document, il y a un homme, un nom, une famille, une vie. Ce sont ces hommes que je vous invite à retrouver, dans la force de l'action passée comme dans la fragilité de l'existence.

François Bertin.

Des rituels qui plongent dans les âges…

Comme dans l'Antiquité, quand on s'empare d'un ennemi, on se doit de le dépouiller de ses armes, bien sûr, mais aussi de tout ce qui peut se réclamer de son appartenance adverse. Certains soldats décorent ainsi les équipements pris à l'ennemi, comme cet étui allemand de pistolet Luger P08 ou leurs propres armes tel ce poignard US M3, avec des insignes pris sur

6

les prison- niers ou même sur les cadavres. Le bas du fourreau du poignard reçoit même une chevalière aplatie pour la circonstance. Les autres insignes proviennent de coiffures et grades des différentes unités. On reconnaît, sur le rabat de l'étui de pistolet, la tête de mort des blindés et, sur le four- reau du poignard, des diamants de grade de pattes d'épaule de la Wehrmacht, une "mouette" de la Luftwaffe et une tête de mort non pas des SS ou des blindés mais de certaines unités de cavalerie.

Collections du musée "Remember" de Dinan.

Le casque
du général Gavin…

Le brigadier général James M. Gavin est l'adjoint du major général Matthew B. Ridgway, commandant de la 82nd Airborne Division. Son casque, type aéroporté M1C, est une adaptation du modèle M1 qui équipe l'armée américaine de façon générale. Seule différence : la jugulaire du casque lourd qui reçoit une mentonnière en cuir. Le casque porte sur l'avant les deux étoiles et, sur le côté gauche, l'insigne du 7e corps auquel il appartient.

Collections du musée "Airborne" de Sainte-Mère-Eglise.

Elles ont sauté
le 6 juin 1944...

Ces "Boots parachute jumper" ou bottes de saut, appartiennent au major général Matthew B. Ridgway qui commande la 82nd Airborne Division. C'est à ses troupes qu'est dévolu le secteur de Sainte-Mère-Eglise pour préparer l'arrivée des troupes américaines sur les plages d'Omaha et d'Utah. Désireux de rester près de leurs troupes, les généraux sautent avec leurs hommes, Ridgway avec la 82e et le brigadier général Maxwell D. Taylor avec la 101e. Comme le veut la tradition parachutiste, les chaussures sont polies "miroir".

*Collections du
musée "Airborne"
de Sainte-Mère-Eglise.*

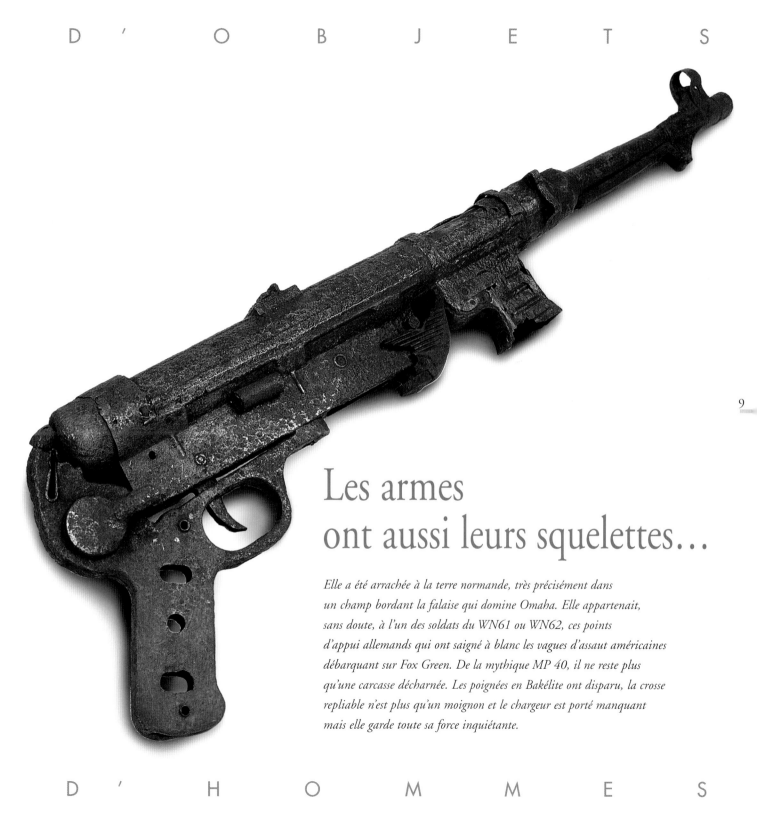

Les armes
ont aussi leurs squelettes…

*Elle a été arrachée à la terre normande, très précisément dans
un champ bordant la falaise qui domine Omaha. Elle appartenait,
sans doute, à l'un des soldats du WN61 ou WN62, ces points
d'appui allemands qui ont saigné à blanc les vagues d'assaut américaines
débarquant sur Fox Green. De la mythique MP 40, il ne reste plus
qu'une carcasse décharnée. Les poignées en Bakélite ont disparu, la crosse
repliable n'est plus qu'un moignon et le chargeur est porté manquant
mais elle garde toute sa force inquiétante.*

10

Le clairon sonne la charge…

Collections du musée "Airborne" de Sainte-Mère-Eglise.

Le sifflet, c'est bien mais cela manque un peu de puissance quand la bataille fait rage autour de soi.
Pour communiquer efficacement, parachutistes américains et britanniques vont avoir recours à des instruments
plus conséquents comme les traditionnels clairons et même des trompes de chasse.
Pour transmettre les ordres, on utilise des sonneries connues de tous comme, par exemple, du côté britannique,
où l'on sonne la soupe ou le rassemblement pour indiquer ses mouvements de troupe.
Ce clairon, appartenant à la 82nd Airborne Division, a été retrouvé sur le terrain.

Les casques qui témoignent…

*Ils portent les emblèmes de la
29ᵉ et de la 90ᵉ division d'infanterie.
Ils ont été dégagés de la terre lors
de la construction du cimetière américain
de Colleville, dans les champs situés juste
au-dessus de la plage d'Omaha.*

*Collections du musée "Omaha"
de Saint-Laurent-sur-Mer.*

Dans le Panther abandonné…

"Dominant ma peur, je suis rentré dans le char par la trappe de tourelle restée ouverte. Je faisais attention à tout ce que je touchais, les Allemands ayant l'habitude de piéger les véhicules qu'ils abandonnaient. Il faisait sombre à l'intérieur où régnait un désordre indescriptible, mais j'ai tout de suite remarqué le calot noir sur le sol. Bruits assourdis, odeur d'essence, de poudre et de graisse, demi-obscurité, il régnait dans le monstre d'acier une ambiance lourde de plus en plus inquiétante. J'ai vivement ramassé le calot et c'est en me relevant que j'ai vu le corps du pilote, assis à son poste, la tête rejetée en arrière. Je suis sorti du char comme un diable d'une boîte et il m'a fallu plusieurs jours pour oser retourner rôder autour du monstre immobile."

En vérité, le char Panther était complètement vide et le jeune garçon d'alors avoue, aujourd'hui, que son imagination avait, sans doute, fait le reste. Le Panther, immobilisé sur une carcasse de camion par une fausse manœuvre et dans l'impossibilité de se dégager, est abandonné par son équipage. Il appartient à la 4ᵉ compagnie de la Panzer-SS Division "Das Reich" qui tente de fuir la fermeture de la poche de Roncey par les blindés de Patton. Seul, le pont de la Baleine au sud de Saint-Denis-le-Gast est intact et permet la fuite de quelques chars.

13

A gauche, le boîtier de commande de la radio intérieure du char. Ce dispositif était placé à côté du radio alors que le chef de char disposait du modèle visible en dessous. Les boîtes de couleur jaune contenaient l'outillage nécessaire à l'entretien de la mitrailleuse MG 34 de bord. Dans la caisse de droite, se trouvent la crosse, le bipied et la bretelle de portage, permettant de transformer la mitrailleuse de caisse en arme individuelle pouvant être servie sur le terrain. Ce matériel provient du char 314 qui avait été détruit à côté de celui de Mickaël Wittmann.

(Voir page 52)

Le calot d'officier Panzer SS, trouvé dans le char Panther, est, en fait, un calot du modèle destiné à la troupe, auquel on a rajouté un galon d'officier. Si l'aigle est, lui aussi, du modèle troupe, la tête de mort est du type officier, brodé en cannetille. Sous le calot, à gauche, un épiscope provenant de la tourelle et le compte-tours du Panther équipé d'un moteur Maybach. Au premier plan, des photos prises par un habitant du village montrant le char immobilisé littéralement "pris d'assaut" par des prisonniers de guerre allemands effectuant des opérations de déminage dans l'immédiat après-guerre.

14

Ces deux fanions sont destinés à la signalisation des véhicules des hauts gradés. Ils étaient montés sur des petits mâts placés sur les garde-boue avant des véhicules. Ces fanions, composés de tissu brodé et imprimé protégé par du Rhodoïd transparent, ont été retrouvés dans l'un des garages du château de La Roche-Guyon, siège, à compter du 17 juillet 1944, de l'O.B. West, l'Oberbefehlshaber West, c'est-à-dire le commandement militaire allemand en France. Jusqu'au 3 juillet, le commandant en chef était le maréchal von Rundstedt, qui est remplacé sur ordre d'Hitler par le Generalfeldmarschall Gunther von Kluge. Le 20 juillet, l'attitude prudente du maréchal fait échouer la tentative de coup d'État qui doit suivre l'attentat manqué contre Hitler. Malgré sa neutralité envers le Führer, von Kluge est destitué et invité à regagner l'Allemagne, remplacé à son poste par le maréchal Model. Von Kluge se suicidera en route, non loin du champ de bataille de Verdun où il avait combattu en 1916.

Suicide d'un maréchal…

Collections du musée "Omaha"
de Saint-Laurent-sur-Mer.

16

Il y a ceux qui ont de la chance...

Comme cet officier parachutiste dont le casque profondément
entaillé a été trouvé à Saint-Martin-de-Varreville dans la bande
de marais qui longe la côte. Un impact qui a ouvert la coque
du casque lourd sur une dizaine de centimètres...
C'est ce qui s'appelle, pour le porteur du casque,
"avoir senti le vent du boulet...".

... et ceux
qui en ont moins.

Ce casque appartient à un sous-officier parachutiste de la 1re compagnie du 501st Parachute Infantry Regiment. Appelé "Geronimo", en raison du cri que poussent les paras en sautant dans le vide, ce régiment est le fer de lance de la 101st Airborne Division. La violence de l'impact a arraché un grand morceau de métal de la face arrière. Le casque a été ramassé dans un fossé sur le mont Castre, dans un lieu appelé "camp de César".

17

Tombé du ciel…

Un choc sourd sur le toit de la ferme réveille le paysan en sursaut. "Qu'est-ce que ça peut bien être ?" Au petit jour de ce 6 juin alors que des rumeurs de combat commencent à se faire entendre au loin, il découvre sur le plancher de son grenier, dont le toit a été défoncé, un long cordage terminé à chaque extrémité par une sorte de manille. Ce que le fermier ignore, avant de couper les extrémités de ce cadeau tombé du ciel, c'est que ce câble a servi à tirer… un planeur bourré de soldats en armes.

En effet, dans la nuit, à 0 h 20, trois planeurs se sont posés à quelques dizaines de mètres du pont basculant de Bénouville. Ce pont stratégique, c'est l'objectif des 90 hommes du "2nd Battalion the Oxfordshire and Buckinghamshire Light Infantry", plus connu sous le nom abrégé de "Ox & Bucks". Emmenés à l'assaut du pont par le major John Howard, les soldats s'en emparent en moins de dix minutes et réalisent ainsi la première opération victorieuse du jour J. Le fermier s'est servi du morceau de cordage pendant toute sa vie.

Sous les chenilles des chars…

*Symboles pathétiques d'une armée en déroute,
ustensiles dérisoires réduits à l'état de vulgaires galettes
de métal, ces gamelles allemandes retrouvées
presque soudées l'une à l'autre témoignent, à leur façon,
de l'extrême violence des combats.*

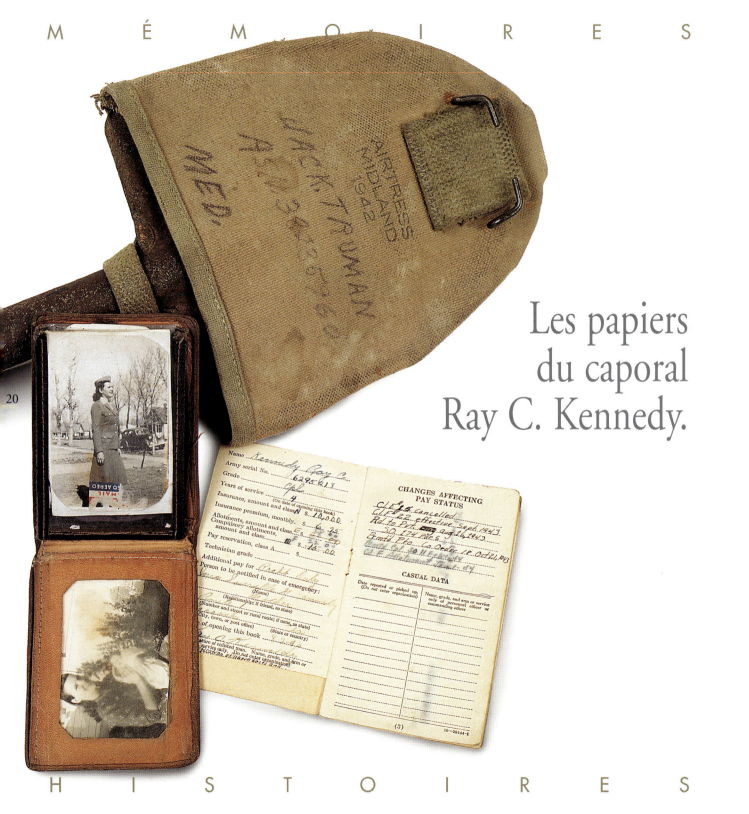

20

Les papiers
du caporal
Ray C. Kennedy.

Ray C. Kennedy est originaire du Texas. Il est caporal au 507th Parachute Infantry Regiment et fait partie des premiers sticks qui sautent sur les marais normands dans la nuit du 5 au 6 juin. Au moment où il se prépare à toucher le sol, il reste accroché par son parachute dans la ligne électrique qui longe la voie de chemin de fer Paris-Cherbourg. Alors qu'il cherche désespérément à se dégager, un soldat allemand le prend pour cible et il reçoit une balle dans le poumon. Ses camarades le dépendent et le couchent dans une barque trouvée sur la rive. Au milieu des hommes qui progressent silencieusement en emportant le blessé, se trouve l'infirmier Jack Truman. Lui est sauf mais tout son matériel médical a disparu, englouti par les eaux. Après de longues minutes, le petit groupe arrive au lieu-dit "le Port" à côté de Neuville-au-Plain et se dirige, toujours aves son blessé vers une maison isolée. Les habitants leur ouvrent la porte et couchent le blessé dans le propre lit du fils de la maison. Il y restera toute la journée du 6 puis du 7. Les mouvements de troupes allemands et les combats qui font rage rendent toute fuite impossible. Un semi-chenillé allemand chargé d'hommes passe même à plusieurs reprises devant la ferme, empruntant l'unique route qui surplombe les marais. Habitants et soldats retiennent leur souffle. Les heures passent. Sans médicaments, sans instruments chirurgicaux, l'infirmier Jack Truman ne peut soigner son blessé qu'avec de l'eau sucrée. Le matin du 8, un groupe de soldats assure finalement la jonction avec les paras isolés et évacue immédiatement Ray C. Kennedy. Il ne survivra pas à sa blessure et décédera le 8 juin dans la Jeep qui l'emmène à l'hôpital de campagne de Sainte-Mère-Eglise. Il sera inhumé dans le cimetière N° 2 de Sainte-Mère-Eglise, bloc E, rang 8, tombe 148, et aujourd'hui dans le cimetière de Colleville-Saint-Laurent, bloc A, rang 15, tombe 28.

21

Les parachutistes partis, la fermière refait le lit où se trouvait Ray C. Kennedy. En soulevant l'oreiller, elle découvre un livret militaire et un petit porte-cartes en cuir. Il est ouvert à l'endroit d'une photo où une jeune femme sourit, un bébé dans les bras.

Ignorant le décès de Kennedy et persuadée que les propriétaires viendront un jour rechercher leur bien, la fermière range soigneusement le livret et le petit carnet de photos dans le buffet, rejoignant la pelle individuelle que l'infirmier avait oubliée dans la cave.

"Big Red One" connaît ses heures les plus sombres...

La "Big Red One", le "Grand Un Rouge", est le surnom donné à la première division d'infanterie américaine. Son insigne, son surnom et son prestige, la division les a gagnés aux côtés des poilus français en 1918, dans les boues de l'Argonne. Vingt-six ans plus tard, un certain 6 juin 1944, les "boys" sont de retour sur Omaha Beach. Les hommes de la "Big Red One" vont y passer là des heures tragiques.

Collections du "Big Red One Assault Museum" de Colleville-sur-Mer.

Le piège se referme...

La raquette de signalisation, la carte d'état-major et la plaque
de feldgendarme ont été trouvées en 1984 dans une ferme à Villedieu-lès-Bailleuls
à quelques kilomètres du lieu où vont se rejoindre les troupes américaines et polonaises,
quarante ans plus tôt, fermant ainsi la poche de Falaise en août 1944. Tout l'ensemble
appartenait à un motard allemand découvert mort au fond d'un fossé, écrasé sous sa machine.
La carte qu'il portait sur lui peut être précisément datée du 17 août par les traits de crayon et
les indications qui y figurent. Les positions allemandes sont clairement mentionnées à gauche,
à l'ouest de Nécy. Les flèches figurant sous le panneau de signalisation indiquent clairement les axes de
l'avancée des troupes canadiennes et américaines, annonçant la fermeture imminente de la poche.

Le casque "bavard" du sergent Corrington.

24

Le sergent Floyd J. Corrington, matricule 19127607, appartient à la compagnie D du 2ᵉ bataillon du 506ᵗʰ Parachute Infantry Regiment au sein de la prestigieuse unité parachutiste, la 101ˢᵗ Airborne Division. Il est tué dans la Manche, entre Vierville et l'écluse de "la Barquette", dans les premières heures de ce 6 juin 1944. Il est enterré au cimetière américain de Colleville - Saint-Laurent, bloc E, rangée 8, tombe 16. Les taches de couleur claire peintes sur le casque sont les marques de peinture de détection des gaz. Sa composition chi-

mique particulière la faisait changer de couleur au contact de gaz de combat. Sur son casque léger, le liner, le sergent, avait écrit à plusieurs reprises ses nom et matricule ainsi que ces quelques mots : "SGT F. CORRINGTON, PIR NOV 13 1943, SEALED FROM AMERICA, LANDED ENGLAND DEC 3 1943" que nous pouvons traduire comme : "Sergent F. Corrington, Parachute Infantry Regiment, embarqué aux Etats-Unis, le 13 novembre 1943 et arrivé en Angleterre, le 3 décembre 1943."

Rien ne se perd…

Collections du musée "Remember" de Dinan.

Sur les parois de cette bassine, a priori très ordinaire, l'avertissement est ferme : "Remettez immédiatement le réservoir au prochain aérodrome ou Kommandantur !" suivi d'un plus aimable : "Récompense de 10 Reichmark." Une bassine, un engin stratégique de la Luftwaffe… ? Non, ou plutôt si, quand vous saurez que la bassine, une fabrication artisanale bien civile, a été découpée dans un réservoir supplémentaire d'avion allemand.

Une fois vidé de son contenu, ce réservoir était tout simplement largué au-dessus de la campagne par le pilote. L'aluminium dont il était composé en faisait un objet rare et les autorités allemandes déployaient beaucoup de persuasion pour inciter les personnes qui les découvriraient à les restituer. Certains ont pensé qu'il valait mieux transformer l'arme de guerre en ustensile de paix.

26

Des retrouvailles, cinquante-quatre ans après.

Nous sommes en octobre 1944. Plusieurs mois se sont écoulés depuis la fin des combats qui ont ravagé le bois de Bavent quand un fermier trouve, abandonné dans l'herbe d'un fossé près de sa maison, un fusil bien particulier. C'est un fusil Enfield N° 4 équipé d'un bipied et d'une lunette de visée qui appartenait certainement à un tireur d'élite anglais ou canadien. L'agriculteur ramasse l'arme qu'il conservera plusieurs années avant de l'offrir à un couvreur contre de menus travaux sur sa toiture. En 1998, le couvreur retraité cède l'arme à un collectionneur et lui raconte l'histoire de la découverte du fusil. Il emmène même le collectionneur sur place et lui montre le fameux "fossé au fusil". Sans trop de conviction, le collectionneur passe le fossé au détecteur de métaux. L'appareil sonne, révélant un drôle de petit outil en métal resté dans l'herbe depuis la guerre. C'est l'appareil - fort rare - utilisé pour le réglage de la lunette de tir qui retrouve ainsi son fusil, cinquante-quatre ans plus tard !

Ils apportent la paix éternelle…

*Les pertes en hommes des premiers jours de combat pour la libération de la vieille Europe sont à la hauteur des moyens engagés
et de l'enjeu que représente la création d'une tête de pont alliée en Normandie.
Les Alliés vont perdre de 30 à 40 000 hommes dont, pour le seul jour J, 3 400 morts américains, 3 000 anglais et 335 canadiens.
Les Allemands vont subir le choc d'une armée à la puissance et à la richesse inconnues jusqu'alors
et perdre 150 000 hommes, dont près de 8 000 morts pour la seule journée du 6 juin. Pour administrer les derniers sacrements,
chaque prêtre catholique incorporé dans les armées emporte, protégé dans une boîte de métal,
ce petit étui en étain qui contient les saintes huiles pour l'extrême-onction.*

Le sang a coulé aussi
à Utah Beach…

Sur Utah Beach, le débarquement de la 4ᵉ division d'infanterie américaine a lieu à 2 kilomètres au sud du lieu initialement prévu. Est-ce cette dérive de la flotte de débarquement, la préparation intensive du secteur par les bombardements ou l'action des parachutistes des 101ᵉ et 82ᵉ aéroportées qui vont permettre aux troupes de la 4ᵉ D.I. de débarquer avec beaucoup moins de difficultés que leurs camarades des 1ʳᵉ et 29ᵉ D.I. sur Omaha Beach ? Peut-être les trois raisons à la fois, qui vont faire de Utah Beach le secteur le moins meurtrier de tout le Débarquement. On comptera cependant près de 200 morts sur les 30 000 hommes débarqués ce matin-là.

*Collections du musée "Airborne"
de Sainte-Mère-Eglise.*

28

Le fusil de la sentinelle du château de Dramard.

Sur les arrières de Dives-sur-Mer, se dresse le château de Dramard. L'été 1944, il abrite un état major allemand. Le 23 août, alors que, l'arme à la bretelle, la sentinelle de garde trompe son ennui, surgit un groupe de reconnaissance de la brigade Piron, une unité composée d'éléments belges. Surpris, le "Landser" se saisit immédiatement de son Mauser et tire vers le groupe qui s'avance vers le château. Erreur funeste qui attire l'attention des assaillants et dont la réponse ne se fait pas attendre. Le soldat n'a même pas le temps de réarmer qu'il se prend une balle directement dans le côté gauche du canon, lui arrachant son arme des mains. Sans demander son reste, il se rue alors dans le château pour donner l'alarme. L'impact de la balle a fait éclater le bois et tordu la culasse, rendant le fusil complètement inutilisable. Le Mauser abandonné a été tout simplement ramassé dans l'herbe, quelques jours plus tard, par le fils du châtelain.

Le couteau
de la survie.

Quand il s'est préparé pour ce fameux saut dans l'inconnu d'un 6 juin,
le parachutiste de la 82ᵉ Airborne n'a pas oublié un couteau bien spécial
qu'il a soigneusement glissé, à portée de main, dans une des poches de sa vareuse de saut.
Et pourtant, ce couteau n'est visiblement pas destiné au combat, mais de nombreux paras
ont tout de suite apprécié la lame particulière sans pointe et le manche en matière
flottante de ce couteau récupéré dans l'équipement d'un canot pneumatique
de l'U.S. Air Force. Il n'est plus alors destiné qu'à un seul usage : celui de couper
les suspentes du parachute, dès l'arrivée au sol. Les sticks américains devant sauter
sur des zones volontairement inondées par les Allemands, les couteaux sont indispensables
pour se dégager des parachutes gorgés d'eau, qui entraînent inexorablement les hommes
vers le fond. Tous n'auront pas le temps de se servir de
leur couteau.

Collections du musée "Omaha"
de Saint-Laurent-sur-Mer.

Croix de bois, croix de fer…

Soigneusement gravée dans le bois ou simple assemblage de métal, la croix reste le symbole éternel de la violence des hommes. Les cimetières de soldats sont les arguments les plus forts en faveur de la paix.

ALBERT·PAPE
OB·GEFR·
3·LD·ME·BATL·3
N·7978

GEB

H

Un casque au couvent.

Vingt ans ont passé depuis les combats qui ont ravagé la Normandie. A Epron, les sœurs bénédictines sont très affairées. Hôpital de campagne allemand pendant deux mois, leur couvent, qui a subi les outrages de la guerre, est en pleine reconstruction.

C'est au cours du déménagement de l'ancien couvent vers le nouveau que les déménageurs retrouveront un casque recouvert d'un morceau de grillage. Son propriétaire est le capitaine Köhr, de la 16e Luftwaffe Feld Division, Jäger-Regiment 31.

32

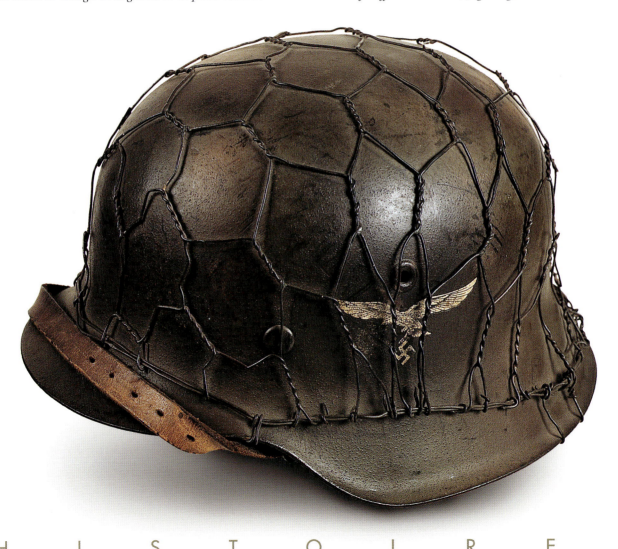

La carte du lieutenant Mac Reynolds.

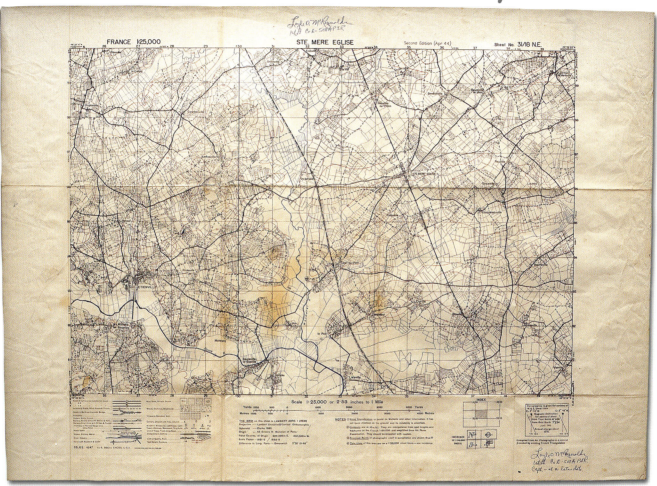

Cette carte d'état-major a été remise au lieutenant Loyle O. Mac Reynolds la veille du 6 juin 1944. Le jeune officier appartient
à la compagnie C du 4e bataillon du 508th Parachute Infantry Regiment. Ce régiment d'infanterie parachutiste dépendant de la 82nd Airborne
Division est placé sous les ordres du colonel R. Lindquist. Il saute le 6 juin au matin sur Sainte-Mère-Eglise pour s'emparer
de la ville et des ponts sur le Merderet et la Douve. Le lieutenant sera tué quelques heures plus tard par un obus de 88 mm.

Collections du musée "D. Day Omaha" de Vierville-sur-Mer.

Qui est Mary ?...

Ils sont légion ces objets nés de la guerre, qui portent gravé ou peint un simple nom. Dans un moment de solitude, ou tout simplement pour affirmer sa propriété, tous les soldats du monde gravent, dessinent ou peignent. Mary était-elle l'amour lointain du soldat qui l'a ainsi affichée aux yeux du monde ? L'a-t-elle attendu ? Ont-ils eu des enfants ? Et ce Dod, le propriétaire de la baïonnette, qui était-il vraiment, qu'est-il devenu ?... Ces fragments d'histoire, avec un petit "h", sont aussi des fragments de vie.

Collections du musée "Omaha" de Saint-Laurent-sur-Mer.

Qui est Dod ?...

34

Les colis de l'espoir…

Collections du musée "Omaha"
de Saint-Laurent-sur-Mer.

Il est en carton brun, il porte une grande croix rouge et il pèse lourd dans la vie du prisonnier de guerre qu'il soit allemand ou allié. En 1945, il y a 661 000 prisonniers de guerre allemands en France dont près de 440 000 ont été livrés aux autorités françaises par les Américains. Mais ces P.O.W., ces "Prisoners of War", ne sont pas les premiers internés à recevoir les colis du Comité international de la Croix-Rouge. Avant, il y a eu les 1 850 000 soldats français prisonniers de 1940 et les quelques dizaines de milliers de soldats alliés retenus dans des camps en Allemagne. C'est un ensemble de conventions signées en 1929 qui régit le sort réservé aux blessés, malades et prisonniers de guerre.

L'extraordinaire histoire
de la casquette de l'aspirant Armin Both…

Nous sommes le 14 juillet 1944. Ce jour-là, point de fête nationale pour ceux qui fuient les bombardements de Saint-Lô. Sur la route qui mène à Bayeux, une colonne ininterrompue de réfugiés s'allonge sous un soleil brûlant. Brutalement dans un hurlement d'enfer, des avions surgissent dans le ciel et remontent la route en tirant de toutes leurs armes. Ce n'est pas à la colonne que ces tirs s'adressent mais à deux blindés allemands qui doublent la colonne à travers champs. Les réfugiés entendent distinctement les explosions et une fumée noire, zébrée de rouge, monte dans le ciel. Les avions ont disparu. Le jeune Marcel, qui s'était jeté dans le fossé, décide de quitter la colonne de réfugiés pour aller voir. Guidé par les panaches de fumée, il remonte la pente qui longe la route. Au milieu de la prairie, un blindé allemand brûle. A quelques mètres en arrière, probablement projeté par l'explosion, gît un corps décapité. Marcel, pétrifié, regarde pendant quelques instants, le blindé brûler avant de rejoindre la colonne de réfugiés. Au moment de repasser la clôture, il se baisse et ramasse quelque chose dans l'herbe. Il s'agit d'une casquette plate et sombre avec une tête de mort argentée et dont la coiffe porte une giclure de sang. Un court moment d'hésitation et la casquette disparaît prestement

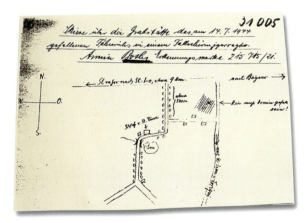

Ce dessin, relevé sur le terrain, le 14 juillet 1944, par l'officier commandant le jeune aspirant, accompagnait le dossier transmis par les parents qui demandaient en 1948 des précisions sur la mort de leur fils.

dans l'ouverture de la chemise de Marcel. C'est un geste risqué avec tous ces Allemands sur les routes, mais, tant pis, la découverte est trop belle. Et Marcel dévale la prairie, son trésor serré sur sa poitrine. Plusieurs mois ont passé et les armes se sont tues. Le fracas de la guerre s'est éloigné et la vie quotidienne a repris son cours, même si l'on manque encore de tout. Marcel, qui travaille dans un garage, cherche désespérément une dynamo suffisamment forte pour fabriquer un poste à souder électrique, indispensable pour adapter des barres de coupe hippomobiles sur des jeeps récupérées sur le terrain. Partout, les champs, les bois et les routes sont encore jonchés de milliers d'épaves de matériels, de canons et de carcasses de véhicules de toutes sortes. Marcel se souvient alors de l'attaque du 14 juillet et du blindé détruit sur la route de Bayeux. Sitôt dit, sitôt fait et le jeune garagiste gagne les lieux où le blindé à demi calciné trône toujours au milieu de la prairie. C'est après plusieurs heures d'efforts et alors que la génératrice est démontée et chargée à bord de la charrette que Marcel remarque, dans la haie, maintenant dépourvue de sa végétation, un crâne humain. Il repose, tout blanc, presque irréel, au milieu des ronces roussies par le soleil. Marcel l'a pris en main, le tourne, le retourne un moment, puis, sans trop pouvoir expliquer son geste, dépose le crâne au fond de la charrette.

Des années ont passé, des dizaines d'années, même. Marcel a vieilli. Ses souvenirs de guerre sont cachés dans son atelier, dans un grand carton, où le crâne voisine avec la casquette à la tête de mort. Marcel avait très vite compris que les deux objets, ramassés à plusieurs mois d'intervalle, appartenaient à une seule et même personne. Sa volonté était alors de les ramener tous les deux dans l'un des cimetières allemands où reposait certainement leur légitime propriétaire. Mais la vie en avait décidé autrement et affaibli par une maladie du cœur, devant ce carton où reposent toujours le crâne et la casquette, Marcel ne veut pas que sa femme, toujours ignorante des faits, ne découvre ces objets. Il s'en ouvre à son médecin traitant, qui est aussi le fils d'un camarade, en lui narrant toute l'histoire. Le médecin, ému par les propos de son patient et ami, en accepte la charge. Il reçoit le carton et le range, à son tour, sur la plus haute étagère de son propre garage. L'oubli retombe alors sur les souvenirs de juillet 1944, jusqu'à ce qu'un jour, devant l'intérêt passionné pour la Bataille de Normandie d'un de ses amis, le médecin ne se décide à lui offrir la casquette. En la nettoyant sommairement, celui-ci découvre dans le revers de la coiffe intérieure, un nom suivi d'un numéro : "A.Both. Borchum 4N.4." Intrigué par sa découverte, il se met à rechercher où pourrait être inhumé le fameux Both. Au cimetière militaire allemand de la Cambe, entre Bayeux et Isigny, on lui confirme bien, qu'il y repose un seul soldat au nom de Both et prénommé Armin. Celui-ci, né le 2 septembre 1924, a été tué le 14 juillet 1944 le long de la route de Saint-Lô au niveau de la cote 192 au Bois de Cloville, précisément là où de furieux combats ont opposé des GI des 2e et 29e divisions US à des troupes allemandes mêlant parachutistes et unités SS. Le dossier précise qu'Armin Both était fähnrich (aspirant) au 6e régiment parachutiste Von der Heydte. Un parachutiste ? Mais pourtant, la casquette, qui lui appartenait, porte les insignes SS. Renseignement pris auprès de plusieurs vétérans et confirmé par de nombreuses photos prises en Normandie en 1944, une réelle fraternité d'armes existait entre ces troupes d'élite

qu'étaient les parachutistes et les unités SS qui retraitaient depuis de longues semaines, pied à pied, toujours au coude à coude. Le grave manque d'officiers faisait que beaucoup d'entre eux passaient indistinctement d'une arme à l'autre et nombreux étaient les soldats qui s'échangeaient entre eux, coiffures, ceinturons, vêtements portant les insignes de leurs frères d'armes. Il est alors demandé à l'organisme allemand qui centralise toutes les informations sur les soldats morts au combat, de transmettre le dossier concernant le jeune aspirant. Celui-ci contenait le double d'une lettre du père d'Armin Both, habitant Walsrode et écrite en 1948 qui demandait des précisions sur le décès de son fils ainsi que la réponse des dits services. Y était joint un plan des lieux où était tombé l'aspirant, semblant établi pendant les combats par son officier. Il était précisé dans le dossier que le corps avait été enseveli : "la tête manquante ainsi que trois vertèbres". Tout concorde, mais afin d'en avoir la preuve formelle, il ne reste plus qu'à ouvrir la tombe. La sanction du spécialiste appelé sur les lieux est alors formelle : "L'ossification est identique, ce crâne est bien celui de l'aspirant Armin Both."

Et la tombe se referme une seconde fois, cinquante ans plus tard, sur la dépouille, cette fois complète, d'un jeune aspirant, tué à l'âge de 19 ans, par un bel après-midi d'été 1944.

Le casque perdu du "medic" Douglas C. Gabriel.

Douglas C. Gabriel est "medic", c'est-à-dire infirmier, à la HH Company (compagnie de commandement) du 505th Parachute Infantry Regiment de la 82nd Airborne Division. Il saute avec ses camarades sur la Normandie et perd son casque dans l'action. Celui-ci, portant sur les côtés les emblèmes de la Croix-Rouge et, à l'arrière, la barre horizontale distinctive de sous-officier sera retrouvé à Picauville après les combats. Le "medic" avait pris soin d'écrire la première lettre de son nom et les quatre derniers chiffres de son matricule soit G3726 à l'intérieur de son casque, ce qui a permis d'identifier le propriétaire du casque perdu.

Douglas C. Gabriel, le "medic", a survécu aux combats.

Les jumelles perdues du lieutenant Catlin.

Le lieutenant D.S. Catlin est l'un des officiers du 9ᵉ bataillon parachutiste de la 3ʳᵈ Airborne Brigade. Il saute le 6 juin 1944 à 0 h 50 avec son chef, le brigadier général James Hill. Mais leur avion est incapable de repérer l'unique balise de la "Dropping Zone" et tout leur groupe est dispersé dans les marais au sud de Cabourg. Isolés, sans matériel, ils décident de rejoindre les "DZ" situées à l'ouest en traversant la zone marécageuse. Tenu en laisse par un parachutiste, le chien Glen, mascotte de la brigade, est avec eux. Au cours de l'avancée, à proximité de Gonneville-en-Auge, la courroie des jumelles du lieutenant Catlin se détache et celles-ci tombent à terre. C'est là qu'elles seront retrouvées quelques semaines plus tard. Après quatre heures d'efforts, le petit groupe d'une quarantaine d'hommes s'apprête à toucher au but quand un ronronnement sourd se fait entendre. "Ces avions, ce sont les nôtres", pense le lieutenant alors que retentit la première explosion. Le groupe est anéanti en quelques minutes. Le brigadier général Hill manque de peu d'être tué. Le chien Glen, le soldat qui le tenait en laisse et le lieutenant Catlin figurent au rang des victimes.

Des lucioles dans la nuit…

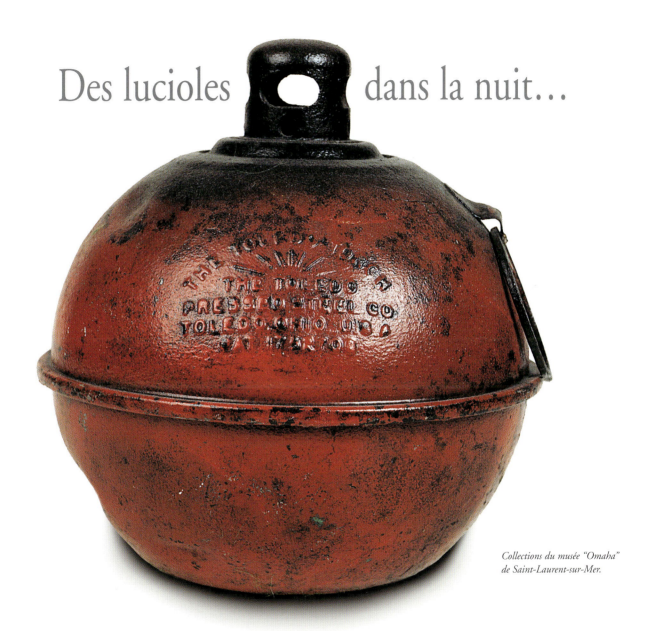

*Collections du musée "Omaha"
de Saint-Laurent-sur-Mer.*

Pour baliser de nuit les "DZ", "Dropping Zones" aux centaines d'avions qui allaient y déverser hommes, matériels et munitions, les éclaireurs, appelés "pathfinders", utilisent ces sortes de torchères au pétrole. Celle-ci, de marque "The Toledo Torch", a été retrouvée sur le terrain en bordure d'une "DZ" américaine, très précisément dans une ferme d'Angoville-au-Plain en 1994.

Le casque du sergent Vaughn.

Thomas R. Vaughn est "Staff Sergeant" à la Personnel Company du 507th Parachute Infantry Regiment, unité de la 82nd Airborne Division. Son nom et son matricule ont été soigneusement tamponnés sur la mentonnière de son casque. Thomas R. Vaughn sera tué au cours des combats du 7 juin.

Collections du
"Big Red One Assault Museum"
de Colleville-sur-Mer.

"Nazi Souvenir."

Le 15 juin 1944, sur Omaha Beach, un soldat appartenant au 6th Naval Beach Battalion se voit confier un prisonnier. Il s'agit d'un soldat de 18 ans appartenant à la 352e division, cette fameuse unité qui a si durement retardé les premières vagues d'assaut US. Le soldat allemand s'appelle Lothar Höllert. Son gardien américain lui prend son livret militaire qu'il garde en souvenir. Il ajoute même, de sa main, l'inscription "Pris sur une plage de France, le 15 juin 1944 et précise entre parenthèses "Nazi Souvenir".

Le petit balai du lieutenant de la 82ᵉ Airborne…

Le 6 juin 1944, à l'aube, un groupe d'une quinzaine de parachutistes de la 82ᵉ Airborne arrive à la ferme de M. Davy, agriculteur à Gourbesville, près de Sainte-Mère-Eglise. Ils ont deux blessés qu'ils ne peuvent emmener avec eux et qu'ils confient à l'agriculteur. Les époux Davy vont cacher les deux paras blessés pendant deux jours, déjouant à plusieurs reprises les patrouilles allemandes qui viennent fouiller la ferme. Récupérés par leurs troupes et soignés, les deux parachutistes reviennent quelques semaines plus tard à la ferme pour remercier leurs hôtes. L'un d'eux, un lieutenant, porte un petit balai suspendu à son cou. "C'est mon fétiche", répond le soldat à l'agricultrice qui s'interroge sur la présence de l'objet. "Je le porte avec moi depuis que j'ai décidé de balayer les "Krauts" (surnom donné aux Allemands par les Américains) hors de votre pays." Puis, il décroche le petit balai et le passe au cou de Mme Davy en l'embrassant sur les deux joues. Les époux Davy n'ont jamais revu le lieutenant au petit balai.

*Collections du musée "Airborne"
de Sainte-Mère-Eglise.*

44

Il ne reste que la veste…

"Il ne reste que la veste et le ceinturon" répète le vieux paysan, en ouvrant son armoire. "Vous savez, c'était la guerre et on manquait vraiment de tout. Le gamin avait été tué devant la ferme, alors je lui ai enlevé ses bottes, son pantalon et sa veste. Le pantalon et les bottes, je les ai portés pendant des années pour les travaux aux champs. La veste, je voulais lui enlever les insignes et en faire un veston, mais c'était beaucoup trop compliqué pour un gars comme moi. Alors, j'y ai pas touché. Ça fait cinquante ans qu'elle est là dans l'armoire."

Derrière la rampe qui va s'abaisser…

*Collections du
"Big Red One
Assault Museum"
de Colleville-sur-Mer.*

Les troupes d'assaut sont transportées jusqu'aux plages de débarquement par des péniches à fond plat appelées du côté américain L.C.V.P. (Landing Craft, Vehicle, Personnel). Chaque péniche emporte une section de 30 hommes.

… il y a le lieutenant Hill.

Collections du "Big Red One Assault Museum" de Colleville-sur-Mer.

Le lieutenant Hill commande une section de reconnaissance du 16th Infantry Regiment, unité qui dépend de la 1re division américaine et doit débarquer avec la seconde vague d'assaut sur Omaha dans le secteur Easy Red. Les courants très forts à cette heure de la journée font dériver vers l'est toutes les embarcations. Par un coup du hasard, le sous-secteur, baptisé Fox Green, où va s'échouer la péniche de débarquement du lieutenant Hill et de sa section, est le mieux défendu de toute la côte. Les vagues d'assaut des 16th et 116th qui se succèdent, vont être clouées sur place par un tir nourri venant des points d'appui allemands WN61 et surtout WN62. Sur les 14 sections débarquées sur Fox Green, représentant environ 450 hommes, plus de 200 sont mis hors de combat. Le lieutenant Hill, qui conduit ses hommes à l'assaut, est grièvement blessé au visage. Il y perdra un œil avant d'être définitivement immobilisé par une balle dans la jambe.

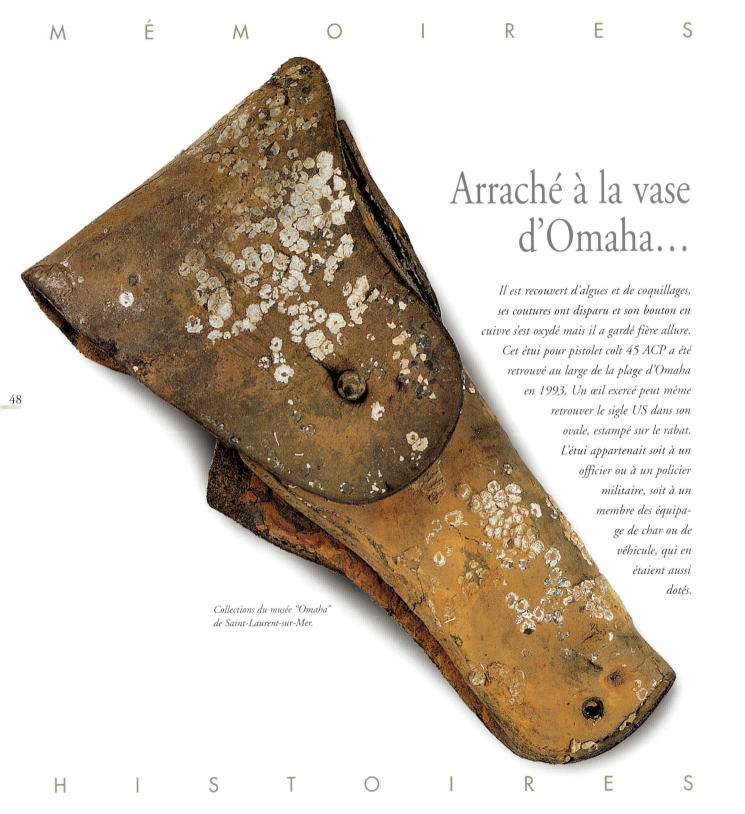

Arraché à la vase d'Omaha…

Il est recouvert d'algues et de coquillages, ses coutures ont disparu et son bouton en cuivre s'est oxydé mais il a gardé fière allure. Cet étui pour pistolet colt 45 ACP a été retrouvé au large de la plage d'Omaha en 1993. Un œil exercé peut même retrouver le sigle US dans son ovale, estampé sur le rabat. L'étui appartenait soit à un officier ou à un policier militaire, soit à un membre des équipage de char ou de véhicule, qui en étaient aussi dotés.

Collections du musée "Omaha" de Saint-Laurent-sur-Mer.

Ils sont français, ils appartiennent à la 12ᵉ compagnie de marche du Tchad de la 2ᵉ D.B. du général Leclerc et ils sont les premiers à investir le Berghof, le nid d'aigle, la résidence privée d'Adolf Hitler, à Berchtesgaden, le 4 mai 1945. Ils sont rejoints par des parachutistes américains du 506ᵗʰ Parachute Infantry Regiment de la 101ᵉ Airborne, ceux-là même qui ont sauté sur Sainte-Mère-Eglise moins d'un an auparavant. Américains et Français vont investir le Berghof et se livrer à la chasse aux trophées dans les immenses bâtiments ravagés par les bombes. Un fanion, représentant les armes personnelles du Führer, pris sur un bureau couvert de gravats, ou une délicate serviette à thé dérobée sur une desserte, voilà le butin dérisoire des vainqueurs mais aussi le symbole de l'anéantissement total de l'un des plus odieux régimes de l'Histoire.

49

… dérobé au nid d'aigle.

Collections du musée "Airborne" de Sainte-Mère-Eglise.

La croix du mal et la croix du bien…

Cette casquette au passepoil violet est très particulière puisqu'elle était portée par les aumôniers exerçant leur sacerdoce dans l'armée allemande. Placée entre les insignes traditionnels de l'armée allemande, que sont l'aigle à croix gammée et la cocarde entourée de feuilles de chêne, figure une petite croix brodée en cannetille argent. Les Allemands avaient jugé bon de maintenir la présence d'hommes d'Église au sein des unités combattantes.

Elle a sauvé des vies…

51

Collections du
"Big Red One Assault Museum"
de Colleville-sur-Mer.

Elle est peu pratique et gêne les mouvements mais, tant pis. Au vu des conditions météo et devant l'état de la mer, pas un des soldats des premières vagues d'assaut ne rechigne à l'endosser par-dessus son équipement de combat. Elle, c'est la bouée de sauvetage modèle 26, qui est largement distribuée aux unités, la veille du 6 juin 1944. Cette bouée, à usage individuel, est composée de deux boudins de caoutchouc qui peuvent être gonflés soit à la bouche par les embouts métalliques fermés par une valve, soit par le déclenchement de deux cartouches de gaz carbonique. Destinées en priorité aux troupes combattantes du jour J, les bouées serviront aussi de flotteurs d'appoint à quantité de matériels.

Le patin de char de Michaël Wittmann.

Le Untersturmführer (sous-lieutenant) Michaël Wittmann est décoré de la Croix de chevalier le 14 janvier 1944 alors qu'il vient d'homologuer sa 66ᵉ victoire. Nommé en avril, commandant de la 2ᵉ compagnie du Schwere SS-Panzer Abteilung 101, il fait partie des troupes qui se ruent en Normandie pour contrer l'avance alliée. Sa réputation fait un bond, tant auprès de ses compatriotes que des Alliés, quand, le 13 juin, à Villers-Bocage, il anéantit presque tout seul une colonne de la 22ⁿᵈ Armoured Brigade britannique, ce qui bloque net l'offensive de toute la 7ᵗʰ Armoured Division. Le 7 août, totalisant 138 chars et 132 canons antichars, devenu Hauptsturmführer (capitaine), Wittmann est, à la fois, craint et admiré par ses adversaires. C'est le lendemain, un peu avant 13 heures, dans un champ qui longe la nationale 158, au lieu-dit "le Pré Marie" sur la commune de Cintheaux, que l'épopée du "casseur de chars" va s'arrêter net dans l'explosion de son char "Tigre 007". Il est encore aujourd'hui difficile d'attribuer le coup au but à une unité précise. Certains pensent à des chars Sherman de la 33ʳᵈ Armoured Brigade, d'autres au tir d'une roquette par un avion Typhoon.

L'unique photo existante montre le char "Tigre 007" de Michaël Wittmann détruit par une très violente explosion qui a provoqué la mort instantanée de tout l'équipage. Cet extraordinaire document a été pris quelques jours après les combats par M. Serge Varin, ami de Paul Samson, le fermier qui exploitait les terres où s'étaient déroulés les combats. Concernant les circonstances de la destruction du char "Tigre 007", les spécialistes s'orientent aujourd'hui plus vers l'hypothèse d'une roquette tirée par un chasseur-bombardier Typhoon, abandonnant la théorie de l'attaque simultanée de plusieurs Sherman britanniques qui avait prévalu jusqu'à présent.

Les combats continuant de faire rage, les corps de l'officier et des quatre membres d'équipage sont rapidement enterrés dans un trou de bombe le long de la nationale. Il faudra attendre près de quarante ans pour qu'en mars 1983, les services du cimetière allemand de La Cambe, qui faisaient une véritable recherche, découvrent les cinq corps. Michaël Wittmann, 30 ans, Rudolf Hirschel, 20 ans, Heinrich Reimers, 20 ans, Karl Wagner, 24 ans, et Günther Weber, 20 ans, reposent dans le cimetière de La Cambe, bloc 47, rangée 3, tombe 120. Le patin de chenille, lui, avait été retrouvé quelques années avant la découverte des corps. C'est en labourant plus profondément le champ qu'il exploite au "Pré Marie" que M. Paul Samson remontera un ensemble de cinq patins de chenille. Vu la localisation précise de l'endroit, le doute n'est pas permis. Ce patin appartenait bien au char "Tigre 007" du commandant de chars lourds de la SS-Panzer-Abteilung 101, tué avec tout son équipage, le 8 août 1944.

Le temps n'est pas passé…

Soixante ans ont passé. Ces deux casques ont sans doute été perdus dès le premier jour du Débarquement. Le casque de gauche a été ramené à la grève par la marée et retrouvé sur le sable par un promeneur en 1982. Le sable et les coquillages, mélangé au mazout répandu dans l'eau pendant les combats ont formé une sorte de croûte épaisse autour du casque qui a été comme pétrifié, alors que celui de droite a conservé une fraîcheur extraordinaire.

de la même manière…

Ce casque est resté pendant de très longues années au fond d'une cave à Hiesville, posé sur un tonneau contenant du suif. Les émanations graisseuses l'ont ainsi préservé des outrages du temps et la coque a conservé sa couleur et ses marquages d'origine. Le trèfle est l'emblème du 2ᵉ bataillon du 327ᵗʰ Glider Infantry Regiment, troupes parachutistes amenées par planeurs. Appartenant à un lieutenant encore non identifié, le casque porte à l'intérieur le code "C-51". Peut-être l'initiale de son nom et les deux derniers chiffres de son matricule ?

La falaise de l'exploit

La pointe du Hoc est un promontoire situé pratiquement entre les plages d'Omaha et de Utah. Les Allemands ont édifié à cet endroit stratégique une batterie de six canons de 155 mm qui menacent directement les deux plages de débarquement américaines. Le site a donc subi plusieurs bombardements et il est prévu que les canons du cuirassé USS Texas s'en occupent dès le petit jour du 6 juin mais, la menace restant sérieuse, le Haut-Commandement confie aux 2nd et 5th Rangers du lieutenant-colonel James E. Rudder la mission de s'emparer des canons de la pointe du Hoc. C'est ce qui va être fait après une lutte acharnée de plusieurs heures.

Pour escalader les 60 mètres de la falaise, les Rangers ont même prévu d'utiliser des échelles de pompier montées sur des G.M.C. amphibies. Mais ce sont les échelles métalliques démontables et les grappins propulsés par fusées qui vont leur permettre de prendre pied sur la falaise et s'apercevoir que les fameux canons si dangereux pour Overlord sont… en bois ! Les vraies pièces de 155 mm avaient été démontées et remisées dans un chemin creux, à l'abri des bombes… et des furieux assauts des Rangers du colonel Rudder.

56

Que le soldat Richards repose en paix…

Nous sommes le 5 juillet 1944, les combats font rage à Putot-en-Auge.
Les habitants, qui ont fui les combats, ne retrouveront leurs domiciles, souvent détruits,
que plusieurs jours plus tard. Dans le jardin d'une propriété, dont une partie de la maison
s'est effondrée, une pierre isolée posée devant un monticule de terre fraîchement remué surprend
le propriétaire. Il reconnaît une des pierres du manteau de sa cheminée. Les traces de suie sont
là pour en témoigner mais ce qui intrigue le propriétaire, c'est que cette pierre a été soigneusement
gravée. Il se penche pour déchiffrer l'inscription : "In memory of M10359 Private Richards
R. Lancashire Para Bn. Killed In Action. July 5th 1944. RIP". Au dos, figure une grande
inscription : "Pour Liberté."

Le soldat Richards, du bataillon parachutiste du Lancashire, repose aujourd'hui
au cimetière de Ranville au milieu de ses camarades.

Les vagues
du souvenir...

Apportée par les vagues et retrouvée sur le sable, un soir d'automne 1992, cette relique émouvante témoigne, presque cinquante ans plus tard, des combats et des drames humains qui se sont déroulés sur les plages normandes et dans la mer. A l'intérieur de la surbotte en caoutchouc, matériel couramment porté par les marins de l'US Navy, une chaussure de cuir. A l'intérieur de la chaussure, des ossements.

Collections du musée "Omaha" de Saint-Laurent-sur-Mer.

Le trèfle ne porte pas toujours bonheur…

Ce casque appartenait à un homme du 327ᵗʰ Glider Infantry Regiment, une unité de combattants parachutistes dépendant de la 101ˢᵗ Airborne Division. Cette unité offre la particularité de ne pas larguer ses hommes d'un avion mais de les déposer au sol par des planeurs, ou encore par barges. Les parachutistes veulent s'emparer de l'écluse de la Barquette, site stratégique de première importance, puisque c'est de là que les Allemands comman-dent la montée des eaux retenues du marais de Carentan. C'est à cet endroit que sera retrouvé le casque. L'emblème du 327ᵗʰ Glider Infantry Regiment est un trèfle blanc que les hommes portent fièrement, peint sur leur casque. La tache blanche peut se révéler une bien belle cible pour les tireurs allemands et le trèfle un bien piètre signe de chance. Ou, peut-être, est-ce le fait que le trèfle ne soit pas à quatre feuilles ?…

Les papiers perdus de la 13ᵉ compagnie…

Surpris par l'avance alliée, certaines unités n'ont pas toujours le temps de se replier en bon ordre. Armement, munitions et vivres sont emmenés en priorité. Dans le cas présent, le secrétariat du commandement de la 13ᵉ compagnie du 13ᵉ régiment parachutiste a abandonné une grande partie des documents administratifs qui suivent les troupes en campagne. Le 13ᵉ régiment parachutiste dépend de la 5ᵉ division de parachutistes, unité qui participe aux fameux combats de Marigny dans la Manche.

Le 22 avril 1915, vers 17 heures, à Steenstratte-sur-l'Yser, un épais nuage de couleur verte roule en lourdes nappes vers les tranchées françaises. En quelques minutes, c'est la panique, les soldats sans protection suffoquent et tombent par centaines. Les Allemands viennent d'employer pour la première fois des gaz asphyxiants dans une attaque, qui causera la mort de 5 000 soldats français et des séquelles terribles pour les 15 000 premiers gazés de la guerre. Moins de trente ans plus tard, la peur est restée. Des deux côtés, les soldats, mais aussi les chevaux, les chiens ont leurs masques à gaz prêts à servir. Les casques, les véhicules, les brassards, portés par les troupes qui débarquent, sont recouverts de peinture ayant une réaction aux gaz, irritants ou vésicants. On craint beaucoup du côté allié qu'Adolf Hitler n'utilise les gaz dans une manœuvre désespérée, et l'accent a été particulièrement mis sur la détection et l'alerte. Les crécelles, déjà utilisées dans les tranchées pendant la Grande Guerre, retrouvent donc le chemin des arsenaux. Pourquoi une crécelle ? Parce que le soldat qui détecte le premier l'arrivée des gaz met aussitôt son masque, ce qui l'empêche d'utiliser un sifflet ou de crier pour donner l'alarme.

Collections du musée "Omaha" de Saint-Laurent-sur-Mer.

Une peur venue de l'autre guerre…

S 3045,
Killed In Action…

K.I.A., pour les militaires des Etats-Unis, c'est l'abréviation de "Killed In Action", "Tué au Combat". C'est ce qui est arrivé à ce sous-officier du Génie qui portait le matricule S 3045 peint sur son casque. Conformément au règlement militaire, les soldats doivent identifier tous leurs effets par un numéro composé des quatre derniers chiffres de leur matricule précédé de l'initiale de leur nom de famille. Le château crénelé peint en blanc sur le côté est l'emblème des unités du Génie. La balle qui a traversé le casque a littéralement fait exploser le "liner" que le soldat porte en dessous du casque lourd. Le casque a été ramassé à Mortain après les combats.

Ce casque a pu être formellement identifié comme étant celui du sergent Archie K. Snov, matricule 16143045, appartenant au 105ᵗʰ Combat Engineers Battalion. Le corps du sergent Snov a été rapatrié aux Etats-Unis.

6 juin 1944 : invasion…

*Collections du musée "Omaha"
de Saint-Laurent-sur-Mer.*

*A la date du mardi 6 juin 1944, le soldat allemand propriétaire du calepin y a écrit au crayon,
à l'heure de 2 h 32, un simple mot mais lourd de sens pour lui : invasion.
Ce modeste carnet, où le soldat inscrivait chaque jour les événements marquants de sa vie en France, a été trouvé
sur le corps d'un soldat mort à la fin août à Saint-Germain-d'Ectot dans le Calvados.*

Cinquante ans dans le sable d'Utah Beach…

Cinquante ans qu'il dormait dans les dunes de Varreville, protégé des embruns et du vent marin par une fine couche de sable blanc. Ce Garand M1, fusil automatique de calibre 7,62 mm, est l'arme réglementaire du G.I. L'arme, retrouvée en 1993, appartenait à un fantassin de la 4th Infantry Division, unité américaine qui débarque le 6 juin 1994 sur cette portion de plage qui porte le nom de code d'Utah Beach.

Collections du musée "Airborne" de Sainte-Mère-Eglise.

Le mètre fétiche de John Steele…

John Steele est certainement le parachutiste américain le plus connu au monde. Peu de gens connaissent son nom mais tous ont entendu l'extraordinaire histoire de ce para resté accroché au clocher de Sainte-Mère-Eglise le 6 juin 1944. John Steele appartient à la 82nd Airborne Division. Il saute avec ses camarades sur la petite ville de Sainte-Mère-Eglise alors que toute la localité… et la garnison allemande sont dehors pour éteindre l'incendie d'une maison. Les soldats allemands ripostent à cette descente directe des parachutistes américains. John Steele, lui, est descendu droit sur le toit du clocher de l'église, où son parachute reste accroché sur le toit. Un soldat allemand, qui a repéré les mouvements saccadés du parachutiste pour se décrocher, lui lâche une rafale. Blessé au pied, il décide prudemment de faire le mort et reste ainsi suspendu au-dessus de la place du village pendant plus de deux heures avant d'être décroché et ramené à terre par les Allemands qui le soignent et le font prisonnier. Profitant du chaos qui suit le débarquement, il réussit à s'échapper. Dans sa poche, depuis le début de l'action, il tient serré son fétiche : un petit mètre roulant publicitaire offert par une fonderie de zinc du New Jersey.

Collections du musée "Airborne" de Sainte-Mère-Eglise.

La guerre ne respecte pas les corps…

Collections du "Big Red One Assault Museum" de Colleville-sur-Mer.

Après les combats, quand les armes se sont tues, des unités spéciales entrent en action. Du côté américain, ce sont les hommes des "Graves Registration Corps" qui ont pour mission de relever les corps et de les identifier. Mais la guerre ne respecte pas l'intégrité des corps et de nombreux débris humains parsèment le champ de bataille. Pour les collecter, les soldats utilisent même des sacs servant primitivement à décontaminer les vêtements. Réalisé en caoutchouc totalement étanche, le sac est fermé par une forte pince métallique à ressort, qui fonctionne comme un soufflet et que le soldat doit forcer pour y glisser les funestes débris. Le sac a préalablement été aspergé à l'intérieur de produit désinfectant, type formol et peut être fermé et scellé au moyen des quatre liens visibles sur le haut du sac.

Le casque de l'Obergefreiter Anton Bierman.

Anton Bierman a 21 ans et a le grade d'Obergefreiter. Il a peint soigneusement son grade et son nom ainsi que le chiffre 1247, qui est son numéro d'arrivée dans l'unité, à l'intérieur de son casque. Anton Bierman sera tué en août 1944 sans qu'il soit possible d'établir la date et les circonstances avec plus de précision. Son casque sera retrouvé dans un grenier au cœur du village de Crocy, près de Falaise. Il est enterré au cimetière de La Cambe au côté d'un soldat inconnu.

Un nom pour une croix…

Les combats en Normandie sont très meurtriers. Dans les cimetières provisoires qui commencent à parsemer la terre normande, les croix de bois blanches s'alignent au fur et à mesure de l'avancée de l'offensive. Sur les croix sont peints les nom, prénoms et numéro matricule du soldat. En bas de la croix figure le numéro d'ordre attribué par les soldats des "Graves Registration", chargés de relever et d'identifier les corps. Ce pochoir en carton, réalisé mécaniquement à l'emporte-pièce, porte le nom de William A. Loudermilk, matricule 341 98 753, numéro d'ordre 162.

Collections du musée "Airborne" de Sainte-Mère-Eglise.

Le fusil Enfield a été parachuté à un maquis.
Le résistant qui a reçu l'arme décide de la baptiser
du prénom de sa belle en le gravant au couteau
dans le bois de l'arme. Durant tout l'été 1944,
Rirette accompagne donc son amoureux
dans les combats de libération de la Bretagne.

Ton nom
tout contre
ma joue…

Collections du " Musée Remember " de Dinan

La mort peut surgir de partout…

Pour le soldat empêtré dans la guerre des Haies, le danger est partout. Sur terre, caché dans un chemin creux ou dans le clocher d'une église mais aussi du ciel avec, pour les Allemands, les terrifiants chasseurs-bombardiers Typhoon qui ont la maîtrise totale du ciel. Les Allemands les appellent avec crainte les "Jabos" (concentration de Jagd bombardier). Ils sillonnent l'air en tous sens, à la recherche d'un convoi, d'un véhicule isolé ou d'une simple concentration de troupes. Un rapide passage pour bien repérer l'ennemi et, au retour, c'est un déluge de feu qui s'abat. Mitrailleuses et canons accompagnent le tir de roquettes qui labourent la route et vous retournent un char Tigre comme un simple jouet. Collections du musée "Remember" de Dinan.

Un petit sac pour l'Eternité…

Dans ce petit sac de coton, fermé par une cordelette, reposent les objets personnels que le soldat portait au moment de son décès. Photos, lettres, montre mais aussi mascotte et porte-chance pourront être ainsi restitués à la famille. Auparavant, les personnels chargés de cette difficile besogne auront rempli l'étiquette-formulaire cousue sur le sac, sans oublier les rubriques concernant l'état du corps et les éventuels membres manquants.

Collections du musée "Airborne" de Sainte-Mère-Eglise.

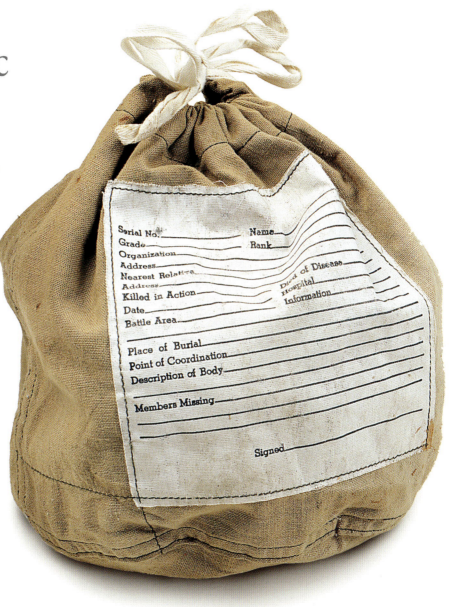

Serial No. — Name
Grade — Rank
Organization
Address
Nearest Relative
Address — Died of Disease
Killed in Action — Hospital Information
Date
Battle Area

Place of Burial
Point of Coordination
Description of Body

Members Missing

Signed

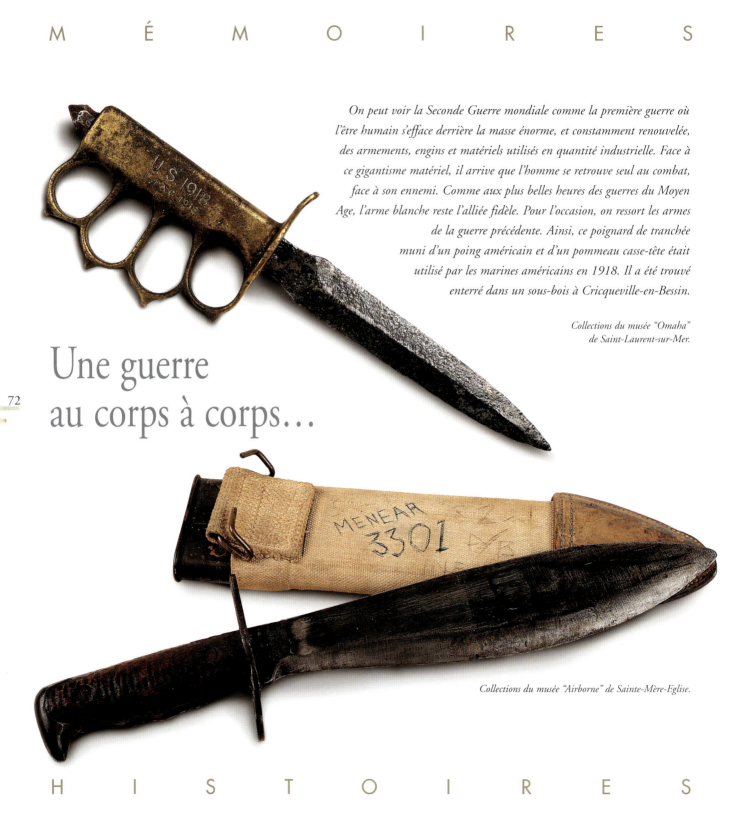

On peut voir la Seconde Guerre mondiale comme la première guerre où l'être humain s'efface derrière la masse énorme, et constamment renouvelée, des armements, engins et matériels utilisés en quantité industrielle. Face à ce gigantisme matériel, il arrive que l'homme se retrouve seul au combat, face à son ennemi. Comme aux plus belles heures des guerres du Moyen Age, l'arme blanche reste l'alliée fidèle. Pour l'occasion, on ressort les armes de la guerre précédente. Ainsi, ce poignard de tranchée muni d'un poing américain et d'un pommeau casse-tête était utilisé par les marines américains en 1918. Il a été trouvé enterré dans un sous-bois à Cricqueville-en-Bessin.

Collections du musée "Omaha" de Saint-Laurent-sur-Mer.

Une guerre au corps à corps…

72

Collections du musée "Airborne" de Sainte-Mère-Eglise.

Trois copains pour 1 dollar…

Ralph Busson, Bill Farmer et Dan Furlong sont "Squad Leader" au sein de la prestigieuse 82nd Airborne Division qui reçoit pour mission de sauter sur le secteur de Sainte-Mère-Eglise dans la nuit du 5 au 6 juin. Ils appartiennent à la compagnie H du 508th Parachute Infantry Regiment, commandé par le colonel R. Lindquist. Le 6 juin, à 1 h 15, le 508th saute sur Pont-l'Abbé, à l'ouest de Sainte-Mère-Eglise. La veille,

à Nottingham en Angleterre, quelques heures avant le grand saut, les trois copains partagent un billet de 1 dollar en trois parties, que chacun va conserver sur soi. Promesse est faite de se retrouver après les combats pour reconstituer le billet.

Bill Farmer sera tué en Normandie. Ralph Busson et Dan Furlong remplaceront la partie manquante du billet par la dernière photo connue de leur camarade disparu.

Collections du musée "Airborne" de Sainte-Mère-Eglise.

Au fond de la barge…

La barge approchait la côte normande devant Saint-Laurent quand elle a été touchée de plein fouet par un obus. En cherchant à se dégager, le bateau en perdition va immédiatement heurter une mine qui l'enverra par le fond. Cinquante-quatre ans plus tard, un plongeur retrouve dans le fond de la barge, dans une soute, derrière une porte métallique, bien rangés, les casques de l'équipage.

Collections du "Big Red One Assault Museum" de Colleville-sur-Mer.

La fierté d'appartenir au 26th Infantry Regiment...

Si le fait de peindre, sur l'avant de son casque, l'emblème de la division à laquelle on appartient est plutôt courant, certains soldats n'hésitent pas à se singulariser en y ajoutant l'insigne de leur régiment. Ici, un officier a décoré l'étui de son colt 45

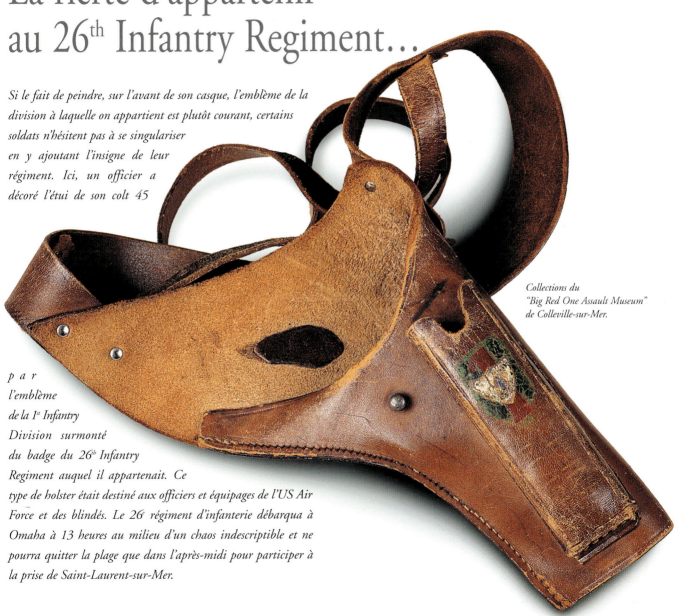

Collections du "Big Red One Assault Museum" de Colleville-sur-Mer.

par l'emblème de la 1st Infantry Division surmonté du badge du 26th Infantry Regiment auquel il appartenait. Ce type de holster était destiné aux officiers et équipages de l'US Air Force et des blindés. Le 26e régiment d'infanterie débarqua à Omaha à 13 heures au milieu d'un chaos indescriptible et ne pourra quitter la plage que dans l'après-midi pour participer à la prise de Saint-Laurent-sur-Mer.

La deuxième vie de la veste de saut d'Alexander Matisick.

Alexander J. Matisick, originaire de l'Ohio, est "Technician grade 5" au 505th Parachute Infantry Regiment au sein de la prestigieuse 82nd Airborne Division. Il est affecté au commandement du 2e bataillon. Participant aux tout premiers combats de Normandie, il est tué le 11 juin 1944 et son corps est inhumé dans le cimetière provisoire N° 2 de Sainte-Mère-Eglise. Pour des raisons qu'on ignore encore aujourd'hui, une de ses vestes de saut a été réatribuée à l'un de ses camarades, le parachutiste James E. Despain, de la compagnie A du 1er bataillon de son régiment qui, aussitôt, va y inscrire son nom et son matricule. La vie continue.

Alexander J. Matisick repose au cimetière américain de Colleville - Saint-Laurent, bloc E, rangée 20, tombe 30.

Dans quelques heures, le grand saut…

Ils s'appellent Santini, Franklin, Roberto ou Labadie. Ils sont originaires d'Italie, d'Irlande ou d'Autriche et représentent le melting pot des peuples, qui est le fondement même de l'Amérique. La nouvelle a couru dans les hangars comme une traînée de poudre, surprenant les soldats et les plieurs de parachute. "Demain, on libère l'Europe !" Pour marquer l'événement tant attendu, ils ont tous apposé leurs signatures sur un petit parachute. En haut, ils ont inscrit la date du 5 juin 1944 et le numéro de l'avion qui va décoller dans quelques heures pour la Normandie.

Collections du musée "Airborne"
de Sainte-Mère-Eglise.

Le casque du lieutenant-colonel John B. Daily.

Il était le commandant de l'artillerie divisionnaire de la 90ᵉ division d'infanterie. L'officier qui a été tué dans les derniers combats de la poche de Falaise, le 18 août 1944, est enterré dans le cimetière de Saint-James, bloc E, rangée 14, tombe 1. Au-dessus de l'insigne de grade en forme de feuille de lieutenant-colonel, l'emblème peint est celui de la "90ᵗʰ Infantry Division". Il est formé des lettres "O" et "T" entrelacées, symbole des États de l'Oklahoma et du Texas, d'où venaient la plupart des soldats incorporés dans la division. Certains voient dans les lettres "T" et "O" les initiales de l'expression "Tough Ombres" qui signifie "hommes endurcis".

78

La plaque d'identité de Wilhelm Klos du Panzer-Grenadier…

Cette plaque a été retrouvée en 2003 dans la campagne entre Caen et Bayeux. Wilhelm Klos, né le 31 juillet 1925 dans la ville de Bollenbach, appartenait à la 5ᵉ kp/PZ Gr RGT 304, la 5ᵉ compagnie du régiment de Panzer-Grenadier 304. Ce régiment dépendait de la 2ᵉ Panzer Division. Le terme "Grenadier" a remplacé en 1942 celui de "Schütze" et désigne le simple soldat. Wilhelm Klos a été tué par un éclat en pleine poitrine, le 17 juin 1944. D'abord inhumé au cimetière militaire du Bény-Bocage au nord de Vire, son corps a été transféré au cimetière militaire allemand de La Cambe où il repose désormais.

Le leg bag du sergent Reodon…

Le sergent Reodon est "First Sergeant" dans la 101ᵉ Airborne Division. En tant que "pathfinder" (éclaireur), il a pour mission de sauter dans les premières heures du jour J pour repérer et baliser les Dropping Zones, où vont atterrir ses camarades. Le leg bag a été trouvé dans la région de Saint-Côme-du-Mont. Le leg bag était un sac de matériel que le parachutiste portait accroché à sa cheville par une longue sangle de toile. Pesant une trentaine de kilos, le leg bag entraînait le parachutiste dans une chute rapide mais, dès que le sac touchait terre, il se trouvait freiné dans sa chute.

Collections du "musée Omaha" de Saint-Laurent-sur-Mer.

80

Le seul souvenir d'un parachutiste de 19 ans...

Elle a été trouvée au cours de fouilles dans la région de Saint-Lô en 1986. D'abord rejetée par le chercheur comme une pièce sans importance, la gamelle, une fois nettoyée, allait se révéler très bavarde. Le soldat a utilisé ses initiales pour symboliser l'aigle de la Luftwaffe visible au centre de la gamelle. Ce seul nom va permettre d'identifier le propriétaire et retracer son histoire. Wilhelm Grode appartenait au 6e régiment de parachutistes. Engagé dans les durs combats de Normandie, il a été tué le 8 juillet 1944 sans doute précisément là où a été retrouvée sa gamelle quarante-deux ans plus tard. Il allait fêter ses vingt ans, douze jours plus tard.

Wilhelm **GRODE**
geboren: Gefreiter
           20. Juli 1924
           in Hindenburg Oberschlesien
Truppenteil: 2. Kompanie
           Fallschirm-Aufklärungs-Abt. 12
Feldpost-Nr.:   L 517850 1.-4. Kompanie
           Korps-Aufklärungs-Abt. 12
Erkennungsmarke: -624-Flpl.Kdo.A. 9/VII
           Flugplatz Komando-Abt. 9/VII
gefallen: 08. Juli 1944
           Le Dezert/Normandie/Frankreich
1. Ruhestätte: Soldatenfriedhof der Fallschirm-
           Aufklärungs-Abteilung 12
           in Ruffey bei Saint Lo
2. Ruhestätte: umgebettet: 15. Oktober 1957
           Deutscher Soldatenfriedhof
           Orglandes Departement Manche

82

Une semaine dans un arbre…

Nous sommes dans le parc du château de Boislonde au sud de Cristot. Les combats font rage depuis plusieurs jours entre les soldats du régiment 26 de la 12ᵉ Waffen SS, qui tient position dans le bois, et les troupes de la 49ᵗʰ "West Riding" Infantry Division british qui cherchent à les en déloger. Les Allemands, qui supportent leurs assauts depuis plusieurs jours, les ont surnommés "les ours égorgeurs". L'emblème de la 49ᵗʰ est effectivement un ours polaire. Depuis quelques minutes, au-dessus des combattants, se déroule un combat aérien entre chasseurs allemands et alliés. Un Focke-Wulf 190 se détache brusquement de la mêlée en traînant derrière lui un long panache de fumée noire. Tous les combattants observent, tête levée, la silhouette qui a sauté de l'appareil en flammes et qui, oscillant lentement sous un parachute immaculé, descend vers le sol. Quand son parachute s'accroche dans les branches d'un des grands chênes du parc du château, l'homme est mort, criblé de balles. L'intensité des combats et leur âpreté feront que son corps restera accroché dans l'arbre de longues journées. Son étui à cigarettes en métal argenté percé d'une balle et un morceau de son masque à oxygène ont été retrouvés en 2003, au pied de l'arbre, sous quelques centimètres de terre.

La mémoire d'une guerre fratricide.

Britanniques ou américaines, certaines unités portent l'emblème de leur division peint sur leur casque. L'emblème de la 29ᵉ division d'infanterie US est un cercle partagé en deux dans le sens de la largeur par une ligne sinueuse reprenant un peu le symbole du yin et du yang. Les deux couleurs, le gris et le bleu, représentent les uniformes portés par les belligérants pendant la guerre de Sécession qui, de 1861 à 1865, a enflammé les Etats-Unis. Les nordistes de l'Union, partisans de l'abolition de l'es-

clavage, étaient en bleu et les confédérés sudistes portaient des uniformes gris. La grande majorité des hommes de la 29ᵉ viennent du Maryland et de la Virginie, deux États qui s'étaient opposés par les armes. La 29ᵉ division d'infanterie symbolise le rassemblement des anciens adversaires dans une même fusion. En 1944, la 29ᵉ et la 1ʳᵉ DIUS, la "Big Red One", reçoivent pour mission de prendre pied sur la plage d'Omaha. Précisément là où fut retrouvé ce casque.

KATHOLISCHES
Feldgesangbuch
erlag E.S. Mittler & Sohn
Soldbuch
Lieber Papa!
Soldbuch
zugleich
Personalausweis
MERKBÜCHLEIN
FÜR DIE TASCHE
MIT KALENDER
1944

L'odyssée de l'artilleur Ernst Ternes…

Tous les papiers personnels de la page de gauche ont été retrouvés dans la Sarthe dans une ferme située à proximité de la ville de Bonnétable. Le paysan avait tout gardé, précieusement rangé dans une boîte à chaussures. Il avait trouvé les papiers, les photos et les lettres rangés dans un sac de toile éparpillés au milieu du chemin menant à sa ferme, juste après le passage des troupes américaines. Les photos des enfants et de l'église, et les lettres, l'ont empêché de jeter l'ensemble. Le propriétaire s'appelle Ernst Ternes. Il appartenait à une unité armée de canons de campagne de 105 mm, dépendant de l'Artillerie Regiment 191 qui fait partie de la 91ᵉ division d'infanterie, basée dans le centre du département de la Manche depuis le début de l'année 1944. Ernst Ternes et ses compagnons d'infortune ont combattu dans la Manche puis battu en retraite dans la Sarthe où ils ont été faits prisonniers à Bonnétable après un duel d'artillerie avec des chars américains où un chef de char avait été tué. Ernst Ternes, lui-même, se souvient : "Au cours du combat, notre sous-officier a été tué. On s'est alors sauvé à travers les haies avec les chevaux

Au cours de sa captivité, Ernst Ternes gardera sa plaque d'identification. Signe prémonitoire, le soldat avait inscrit dans son calepin, qui ne le quittait jamais, à la date du 6 juin 1944, le mot "dure journée". Le calepin était un modèle de l'année 1943 mais, à l'époque, on manquait de tout. Les timbres rouges restés dans le "Soldbuch", le livret militaire, sont des tickets de pain de 10 g pour la Wehrmacht.

Ernst Ternes a ramené de captivité
les objets personnels qui l'ont accompagné
pendant près de trois ans jusqu'à son
retour en Allemagne en 1947.
La plaque en bois portant son nom servait
à identifier le sac renfermant ses vêtements
et quelques maigres trésors. Lui-même
avouait que ce sont ses photos et ses lettres
qui lui avaient le plus manqué pendant
ces longues années d'isolement.
La fourchette qu'il utilisait provient de
l'intendance britannique. Comme tous
ses camarades prisonniers, Ernst Ternes
portait sa veste militaire "dénazifiée",
c'est-à-dire débarrassée de tous les symboles
évoquant le IIIe Reich, comme l'aigle de
poitrine.

Dans les derniers mois de sa
captivité, madame Ternes réussira
à faire passer à son mari une photo
de sa petite famille réunie.
Le visage de son épouse est grave et
les trois petites filles ont bien grandi.
Toutes attendent le retour de l'absent.

et les caissons, mais nous avons été rattrapés par des soldats américains, qui nous ont fait prisonniers. Je me suis trouvé en face
d'un G.I., dont les premiers gestes ont été de me prendre ma
montre et mon portefeuille où se trouvaient tous mes papiers et
mes photos." Après une période passée dans un camp de regroupe-
ment en France, Ernst Ternes a été, ensuite, dirigé vers le port du
Havre d'où il s'embarquera pour l'Angleterre et passera trois longues
années dans un camp de prisonniers.

Les "démolisseurs" d'Omaha…

Ce casque, retrouvé à Saint-Laurent-sur-Mer en 2001, appartenait à un sapeur de la 5th ou 6th Engineer Special Brigade. Ces brigades spéciales du Génie identifiables au demi-cercle blanc, peint au-dessus de l'insigne bleu et or des troupes amphibies de l'armée, débarquent dans les premières vagues avec la double mission d'assurer le soutien de l'assaut amphibie du 5e Corps et de permettre, immédiatement après, la mise à terre du 9e corps et de certaines unités de la Ire armée. Leur rôle ne se borne donc pas à démolir les obstacles posés par les Allemands sur les plages mais, en un mot, les sapeurs du Génie doivent assurer toute la logistique d'Overlord sur Omaha. La résistance acharnée des Allemands fera que les sapeurs devront momentanément abandonner leurs outils et leurs explosifs pour combattre aux côtés des fantassins. Le demi-cercle blanc sera abondamment vu sur les rares photos prises pendant les premières heures du Débarquement par le photographe Robert Capa.

La mariée était trop belle…

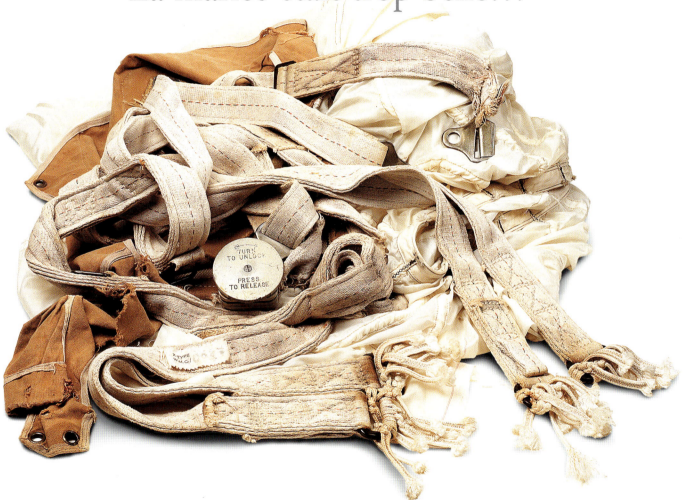

En ces temps d'occupation et de pénurie, revêtir une robe de mariée en soie pour convoler en justes noces tient de l'utopie… ou du miracle. Sauf si un parachutiste allié a la bonne idée d'atterrir près de chez vous. C'est ce qui est arrivé à une habitante de Plénée-Jugon, une petite ville de Bretagne. Dans la soie immaculée du parachute, ses doigts agiles ont taillé une robe de mariée et quelques sous-vêtements. Le harnais mutilé, devenu sans grande utilité, a regagné le fond d'une armoire d'où un de ses enfants l'a sorti, il y a quelques années.

Collections du musée "Remember" de Dinan.

L'armée des moteurs…

L'armée américaine est la première armée entièrement motorisée au monde. Chars, camions, Jeeps sont gourmands en essence et c'est par centaines de milliers que les indispensables jerricans, accompagnant les Alliés en marche, vont déferler sur l'Europe. Ce jerrican porte l'emblème du quartier général de la 5ᵗʰ ESB. La 5ᵗʰ Engineer Special Brigade était chargée de la démolition des obstacles et de l'aménagement des plages et des voies d'accès pour faciliter l'accostage et le débarquement quotidien des centaines de navires, qui assuraient le ravitaillement des troupes alliées. Le mot jerrycan vient de la contraction des mots "jerry" qui est le sobriquet que donnaient les Alliés aux Allemands et le mot "can" qui signifie boîte. Le nom est emprunté aux Britanniques qui avaient ainsi baptisé ces réservoirs d'essence très ingénieux, aussi faciles à transporter et à utiliser.

Le jerrican gisait au fond d'une remise de ferme à Isigny jusqu'à ce qu'un regard plus averti que d'autres le repère en 1991.

89

Collections du musée "Omaha" de Saint-Laurent-sur-Mer.

Cap sur la liberté…

C'est la plus puissante armada jamais rassemblée qui se présente le 6 juin 1944 au petit jour devant les côtes normandes. Plus de 9 000 navires de tous tonnages du petit bateau de pêche réquisitionné au cuirassé USS Texas *avec ses 10 canons de 350 mm. On peut y compter 6 cuirassés, 2 monitors, 22 croiseurs et 95 contre-torpilleurs. 1 000 dragueurs de mines sont prêts à tracer des chenaux dans les champs de mines et plus de 4 000 péniches de débarquement sont prêtes à abaisser leurs rampes. Cette gigantesque flottille, partie d'une dizaine de ports britanniques, s'est retrouvée en plein milieu du Channel en un point de rassemblement baptisé "Piccadilly Circus". Cinq flottes distinctes sont alors formées avec, chacune, l'initiale de la plage qu'elle doit rejoindre. Les forces américaines U et O prennent la direction d'Omaha et d' Utah. Les forces G et S se dirigent avec la force canadienne J vers les plages de Gold, Juno et Sword. Plusieurs dizaines de péniches et de bâtiments seront détruits. Ce compas, trouvé sur la plage de la Madeleine, face à Utah Beach, il y a une dizaine d'années, en témoigne.*

Collections du musée "Airborne" de Sainte-Mère-Eglise.

Une croix pour cinq vies

La croix en métal brut porte une simple étiquette estampée qui mentionne sèchement "5 Unknown German Soldiers", "5 Soldats Allemands Inconnus". Les opérations de la bataille de Normandie vont causer la perte d'au moins 150 000 hommes qui vont souvent être enterrés sur place, dans des cimetières communaux ou, plus souvent, en plein champ, dans un fossé, dans un cratère de bombe… Des milliers de sépultures, souvent très sommaires, vont être relevées dans plus de 1 400 communes de la Manche, de l'Orne et du Calvados. Ce sont les Alliés eux-mêmes qui vont ensevelir leurs adversaires de la veille dans leurs propres cimetières. Près de 78 000 corps reposent actuellement dans les six cimetières militaires allemands présents en Normandie.

Les musées qui ont participé à la réalisation de ce livre…

Les objets que vous avez pu découvrir au fil de ces pages proviennent soit de collections privées, soit de musées qui ont accepté de participer à la réalisation de ce livre. Ces objets, véritables témoins de notre histoire, méritent absolument d'être vus "en vrai", la photographie ne pouvant restituer qu'imparfaitement l'émotion qu'ils dégagent. Ces musées ont su entourer ces objets de mémoire de quantités d'autres qui sauront aussi vous toucher en vous racontant leur histoire.

MUSEE OMAHA

Musée mémorial d'Omaha Beach
Les Moulins, avenue de la Libération
14710 Saint-Laurent-sur-Mer
Téléphone : 02 31 21 97 44 - Fax : 02 31 92 72 80
E-mail : musee-memorial-omaha@wanadoo.fr
Site Web : www.musee-memorial-omaha.com
Heures d'ouverture :
15/02 - 15/03 :
10h-12h30 et 14h30-18h.
16/03 - 15/05 : 9h30-18h30.
16/05 - 15/09 : 9h30-19h
sauf juillet - août :
9h30-19h30
16/09 - 15/11 :
9h30-18h30.

MUSEE REMEMBER 1939-1945

Le Pont de la Haye
Léhon - 22100 Dinan
Téléphone : 02 96 39 65 89
Heures d'ouverture :
tous les jours pendant
les vacances scolaires
et jours fériés :
10h-12h - 13h30-18h30
Hors saison :
ouverture sur rendez-vous.
Exposition de plus de 2 000 pièces du ter-
rain, du paquet de cigarettes au moteur
d'avion, avec plus de 20 mannequins en
tenue d'origine, pièces d'artillerie et véhicules
d'époque. Evocation de la Résistance avec exposition de tracts,
containers de parachutage, objets S.A.S. Reconstitution d'un block-
haus allemand complet avec sa chambrée et son mobilier réglemen-
taire, sa salle radio et son armurerie. Sa chambre de tir armée
d'un canon Skoda de 47 mm est unique en Europe.

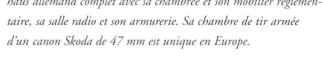

93

MUSEE "BIG RED ONE ASSAULT MUSEUM"

M. Pierre-Louis Gosselin.

Hameau Le Bray - D 514

14710 Colleville-sur-Mer – Omaha Beach

Téléphone 02 31 21 53 81 / 06 72 89 36 18

Heures d'ouverture :

01/03 – 31/05 : 10h – 18h

01/06 – 31/08 : 9h – 19h

01/09 – 30/11 : 10h – 18h

Fermé en décembre, janvier et février.

Le musée est consacré plus particulièrement aux premières vagues d'assaut de l'infanterie américaine sur Omaha Beach, le 6 juin 1944. De leur entraînement et leur embarquement en Grande-Bretagne à la participation des 1ᵉ et 29ᵉ divisions US à la libération de la Normandie. Présentation de matériels, armement, mannequins, rares pièces de terrain… Archives photographiques et écrites à consulter sur place. Accès handicapés. Parking privé pour cars et voitures particulières.

MUSEE D. DAY OMAHA

Route de Grandcamp

14710 Vierville-sur-Mer

Téléphone - Fax : 02 31 21 71 80

Site Web : www.vierville-sur-mer.com

Heures d'ouverture :

01/04 - 31/05 : 10h-12h30 - 14h-18h

01/06 - 30/09 : 9h30-19h30

01/10 - 11/11 :

10h-12h30 - 14h-18h.

MUSEE AIRBORNE

Musée des troupes aéroportées et du Douglas C-47

50480 Sainte-Mère-Eglise

Téléphone : 02 33 41 41 35

Fax : 02 33 44 78 87

E-mail : musee.airborne@wanadoo.fr

Site Web : www.airborne-museum.org

01/02 - 30/11 : tous les jours.

Dans un parc de 3 000 m², un premier bâtiment en forme de parachute abrite un planeur Waco dans son état d'origine ainsi que de nombreuses vitrines garnies de documents et objets d'époque, d'armes, munitions, matériels, uniformes. Dans le deuxième bâtiment, est exposé un Douglas C-47 ayant participé au largage des parachutistes et au remorquage des planeurs lors de l'opération Overlord. De nombreux mannequins en tenue d'époque sont présentés ainsi que des souvenirs personnels, offerts par des vétérans américains. Des bornes interactives, réparties dans les salles, permettent de se documenter plus précisément sur la libération de Sainte-Mère-Eglise et la bataille de Normandie.

Remerciements

Merci à tous ceux qui ont apporté leur concours, de façon si chaleureuse et si sympathique, à la réalisation de cet ouvrage.

Ma gratitude ira particulièrement à Tanguy Le Sant et François Lepetit, véritables artisans des contacts et des relations avec les musées et les collectionneurs privés qui se sont établis au fil des mois.

Sans leur aide et leurs collections, ce projet serait resté dans les cartons.

Mes remerciements iront aussi à tous ceux qui m'ont accueilli, assisté et encouragé dans ce travail :

les musées et leurs responsables

Pierre-Louis Gosselin du musée "Big Red One Assault Museum"

Auguste Foché et le président Jean d'Aigneaux du musée "Airborne" de Sainte-Mère-Eglise

Michel Brissard du musée "D. Day-Omaha" de Vierville-sur-Mer et son projet de reconstitution d'un ensemble Mulberry

Daniel Trefeu du musée "Omaha" de Saint-Laurent-sur-Mer

Eric Pasturel du musée "Remember" de Dinan pour sa gentillesse et son implication

Lucien Tisserand, intendant du cimetière militaire allemand de La Cambe

Marie-France et Ronald Hirlé, des "Editions Hirlé" à Strasbourg, pour leur collaboration et la mise à disposition de leurs archives

François Cibulski, Charles-Hubert, Philippe et Romuald pour cette passion de l'Histoire si bien partagée

et sans oublier deux collectionneurs passionnés qui m'ont ouvert leurs collections avec autant de patience que de gentillesse et qui souhaitent garder l'anonymat. Je sais qu'ils se reconnaîtront.

Editeur : Servane Biguais
Conception graphique & mise en pages : Ad Lib, Rennes
Photogravure : Micro Lynx, Rennes
Impression : Imprimerie Mame, Tours (37) (n° 06022306)